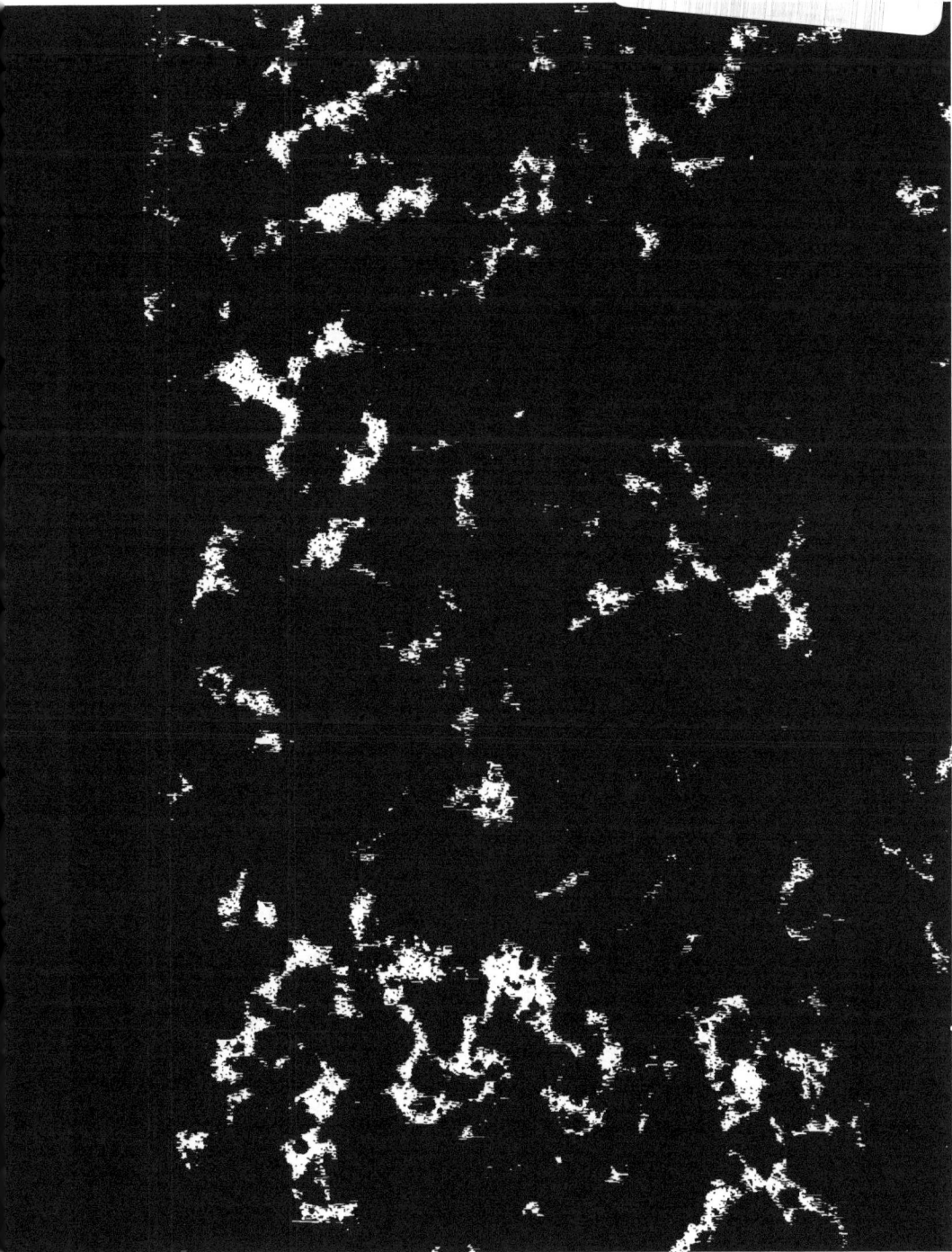

DE

LA CENSURE

QUE L'ON VIENT D'ÉTABLIR

EN VERTU

DE L'ARTICLE 4 DE LA LOI DU 17 MARS 1822.

LE NORMANT FILS, IMPRIMEUR DU ROI,
rue de Seine, n° 8, faubourg Saint-Germain.

DE
LA CENSURE

QUE L'ON VIENT D'ÉTABLIR

EN VERTU

DE L'ARTICLE 4 DE LA LOI DU 17 MARS 1822.

Par M. le Vicomte De Chateaubriand,

PAIR DE FRANCE.

A PARIS,

CHEZ LE NORMANT PÈRE, LIBRAIRE,

RUE DE SEINE, N° 8, F. S. G.

1824.

AVERTISSEMENT.

—

L<small>A</small> censure n'a pas permis qu'on annonçât cette brochure dans les journaux; cependant le titre de ce petit écrit n'a rien de séditieux : *De la Censure que l'on vient d'établir.* Y a-t-il là quelque chose contre le Roi et la loi? Ce titre même fait-il connoître si l'auteur de l'ouvrage est pour ou contre la censure? Quel instinct dans les censeurs! quelle merveilleuse sagacité! Mais je ne dis pas tout : mon nom est imprimé en tête de la brochure! Pourroit-on croire que nous en soyons là sous le ministère de MM. Corbière et de Villèle?

LA CENSURE

QUE L'ON VIENT D'ÉTABLIR.

———•••••———

Dans la séance de la Chambre des Pairs, du 13 mars 1823, je disois, en répondant à un orateur :

« Un noble baron a présenté pour résul-
» tat de l'expédition d'Espagne la France
» envahie, toutes nos libertés détruites.
» Quant à l'invasion de la France et à la
» perte de nos libertés publiques, une
» chose servira du moins à me consoler :
» c'est qu'elles n'auront jamais lieu, tandis
» que moi et mes collègues serons minis-
» tres. Le noble baron, qui professe avec

» talent des sentimens généreux, me par-
» donnera cette assertion : elle sort de la
» conscience d'un Français. »

Ces paroles et l'établissement de la censure expliquent assez les raisons pour les-
quelles j'ai cessé d'être ministre, et les
causes du traitement que j'ai éprouvé de
mes collègues. Je les avois associés à mes
sentimens; ils les renient aujourd'hui. Il a
donc fallu qu'ils se séparassent de moi,
quand ils ont médité de suspendre la plus
importante de nos libertés.

Laissons ma personne : parlons de la
France.

Je ne répéterai pas ce que j'ai dit cent
fois à la tribune dans mes discours, ce que
j'ai imprimé cent fois dans mes ouvrages :

point de gouvernement représentatif sans
la liberté de la presse.

Avec la censure des journaux, la monarchie constitutionnelle devient ou beaucoup
plus foible ou beaucoup plus violente que
la monarchie absolue : c'est une languis-
sante machine, ou une machine désordon-
née, qui s'arrête par l'embrouillement des
roues, ou se brise par l'énergie de son
mouvement. Je ne dis rien de ce com-
merce de mensonges qui s'établit au profit
de quelques hommes, dans les feuilles sans
liberté, et des diverses espèces de turpi-
tudes, suite inévitable de la censure.

Pourquoi m'étendrois-je sur tout cela?
Il s'agit bien de principes! On n'en est
pas à ces niaiseries. On reconnoît sans
doute qu'on a dépensé en vain des sommes

considérables pour s'emparer de l'opinion des journaux : il faut donc achever par la violence ce qu'on avoit commencé par la corruption. On prend l'entêtement pour du caractère, l'irritation de l'amour-propre pour de la grandeur d'esprit, sans songer que l'homme le plus débile, dans un accès de fièvre, peut mettre le feu à sa maison. Cet état de démence, est-il une preuve de force ?

L'article 4 de la loi du 17 mars 1822 est ainsi conçu :

« Si, dans l'intervalle des sessions des
» Chambres, des circonstances *graves* ren-
» doient momentanément insuffisantes les
» mesures de garantie et de répression
» établies, les lois du 31 mars 1820 et
» 26 juillet 1821 pourront être remises

» immédiatement en vigueur, en vertu
» d'une ordonnance du Roi, délibérée en
» conseil et contresignée par trois mi-
» nistres. »

Je me demande si le cas prévu par la
loi est arrivé : Des armées étrangères sont-
elles à nos portes? Quelque complot dans
l'intérieur a-t-il éclaté? La fortune publique
est-elle ébranlée? Le Ciel a-t-il déchaîné
quelques uns de ces fléaux sur la France?
Le trône est-il menacé? Un de nos princes
chéris est-il tombé sous le fer d'un nouveau
Louvel? Non! heureusement non!

Qu'est-il donc advenu? Que le ministère
a fait des fautes; qu'il a perdu la majorité
dans la Chambre des Pairs; qu'il s'est vu
mettre en scène devant les tribunaux, pour
avoir été mêlé à de honteuses négociations

dont le but étoit d'acheter des opinions; qu'il a gâté la plupart des résultats de l'expédition d'Espagne; qu'il s'est séparé des royalistes; en un mot, qu'il paroît peu capable, et qu'on le lui dit. Voilà les *circonstances graves* qui l'obligent à nous ravir la liberté fondamentale des institutions que nous devons à la sagesse du Roi! Si les circonstances étoient graves, il les auroit faites; c'est donc contre lui-même qu'il auroit établi la censure.

L'expédition d'Espagne a été commencée, poursuivie, achevée en présence de la liberté de la presse : une fausse nouvelle pouvoit compromettre l'existence de Mgr le duc d'Angoulême et le salut de son armée; elle pouvoit occasionner la chute des fonds publics, exciter des troubles dans quelques départemens, faire faire un mouvement aux puissances de l'Europe : ces circonstances n'étoient pas assez *graves* pour motiver la suppression de la liberté de la presse périodique. Mais on ose dire la vérité à des ministres ; le Français, né moqueur, se permet quelquefois de rire de ces ministres : vite la censure, ou la France est perdue ! Quelle pitié !

Il ne manquoit au couronnement de l'œuvre, que la raison alléguée pour l'établissement de la censure. On auroit pu avoir recours aux lieux communs contre la liberté de la presse, parler de ses excès, de ses dangers, en affectant de la confondre avec la licence ; on auroit pu dire que les lois actuelles de répression ne suffisent pas, bien qu'elles soient extrêmement dures, bien qu'elles aient obligé par le fait tous les journaux à se renfermer dans de justes limites. Ce n'est pas cela : on ne se plaint pas des *journaux*, on se plaint des *tribunaux!* La censure est nécessaire parce que de vrais, de dignes magistrats ont défendu la liberté de la presse, parce qu'ils ont rendu un arrêt dans l'intégrité de leur conscience et l'indépendance de leur caractère, parce qu'ils ont admis pour les journaux une existence de *droit*, indépendante de leur existence de *fait*. Et le moyen du droit paroît peu pertinent sous la monarchie légitime, après le fait de la révolution, après le fait des cent-jours ! Un ministre de la justice s'expose à blâmer par sa signature la sentence d'un tribunal ! il se prononce indirectement contre la *chose jugée!* Quel exemple donné aux peuples ! Trois ministres osent mettre, pour ainsi dire, en accusation devant l'opinion publique les deux premières Cours du royaume, la

Cour de cassation, la Cour royale et le tribunal de première instance ; car ces trois tribunaux ont prononcé tous trois dans la même cause ! On attaque ainsi le monde judiciaire tout entier, depuis le sommet jusqu'à la base : même le ministère public à la Cour de cassation a opiné dans le sens de l'arrêt de cette Cour.

Tous les ministres étoient-ils présens au conseil lorsque cette dangereuse résolution a été prise ? Si l'un d'eux étoit absent, comme on le dit, il doit bien se repentir d'avoir été privé de l'honneur de se retirer.

Les Cours de justice, direz-vous, se sont trompées ! Qui vous l'a dit ? Êtes-vous plus sages, plus éclairés qu'elles ? Y a-t-il eu à peu près partage égal des voix entre les magistrats dans ces Cours ? Je n'en sais rien. On assure toutefois que la Cour de cassation, dont le savoir est si connu, a prononcé à la presque unanimité dans l'affaire de *l'Aristarque*.

Mais la résurrection de ce journal alloit faire renaître plusieurs autres journaux. Pourquoi pas, s'ils ont réellement le droit de reparoître? Pourquoi la loi, pourquoi la justice, ne seroient-elles pas égales pour tous? Les faits ne sont pas même exacts : il est douteux qu'il y ait d'autres journaux dans le cas précis de *l'Aristarque*.

N'existe-t-il pas, d'ailleurs, une loi redoutable qui a suffi pour réprimer les excès de la presse? Les tribunaux, dont on blâme la jurisprudence, n'ont-ils pas souvent porté des sentences de condamnation contre des journalistes? Si l'on additionnoit les sommes exigées pour les amendes, les jours, les mois et les années fixés pour les emprisonnemens, on trouveroit un total de peines, qui satisferoit les esprits les plus sévères. La rigueur que les magistrats ont déployée dans leurs premiers jugemens, prouve que la douceur de leurs derniers arrêts, est l'œuvre de la plus impartiale justice.

Et pouvoient-ils, par exemple, sans se déshonorer, ces magistrats, ne pas juger comme ils ont jugé dans l'affaire de *la Quotidienne*? Pourquoi le ministère ne s'est-il pas opposé à ce que cette cause où il jouoit un rôle, fût portée devant les Cours de justice? Inconcevable imprévoyance! car on ne doit pas supposer qu'on se fît illusion sur des choses honteuses ou sur la conscience des juges.

On dit que la jurisprudence des Cours fournit un moyen d'éluder la suspension, la suppression des journaux. Ainsi, ce n'étoit pas la *répression* des délits qu'on cherchoit; c'étoit la suspension, la suppression des journaux, c'est-à-dire la suppression de la liberté de la presse périodique. Votre secret vous échappe. Voilà ce que vous voyiez dans la loi; voilà comme vous comprenez le gouvernement constitutionnel. Nous savions déjà ce que vous en pensiez; nous avions lu vos brochures.

La justice est le pain du peuple : il en est affamé, surtout en France. Les corps politiques avoient depuis long-temps disparu dans ce pays; ils avoient été remplacés par les corps judiciaires, leurs contemporains, et presque leurs devanciers. Nos Cours souveraines se rattachoient par les liens de la civilisation, par les besoins de la société, par la tradition de la sagesse des âges, par l'étude des Codes de l'antiquité, se rattachoient, dis-je, au berceau du monde. La nation, vivement frappée des vertus de nos magistrats, s'étoit accoutumée à les aimer comme l'ordre, à les respecter comme la loi vivante. Les Harlay, les Lamoignon, les Molé, les Séguier dominent encore nos souvenirs : nous les voyons toujours protecteurs comme le trône, incorruptibles comme la religion, sévères comme la liberté, probes comme l'honneur, dont ils étoient les appuis, les défenseurs et les organes.

Et ce sont les successeurs de ces magistrats immortels, que des hommes d'un jour osent attaquer ! des hommes soumis à toutes les chances de la fortune, des hommes qui rentreront demain dans leur néant, si la faveur royale se retire ; ces hommes viennent gourmander des juges inamovibles qui parcourent honorablement une carrière fermée à toute ambition, et consacrée aux plus pénibles travaux !

Vous vous tenez pour offensés, lorsque les Chambres n'accueillent pas vos lois ; vous vous irritez, quand les tribunaux jugent d'après leurs lumières. Vous ne voulez donc rien dans l'Etat que votre volonté, que vous seuls, que vos personnes ?

Mais si vous parveniez à ébranler chez les peuples la confiance qu'ils doivent avoir dans leurs juges ; si vous déclariez, comme vous le faites réellement, que la jurisprudence des tribunaux est dangereuse sur un point, n'en résulte-t-il pas qu'elle peut l'être sur d'autres? Dites-nous alors, que deviendroit la société, où vous auriez semé de pareils soupçons, vous, autorité, vous, pouvoir ministériel? Tous les jours ces tribunaux prononcent sur la fortune et la vie des citoyens, vous m'exposez donc à soupçonner tous les jours qu'un bien a peut-être été injustement ravi, qu'un innocent a peut-être péri sur l'échafaud.

Imprudens qui ne voyez pas le désordre que vous jetez dans les esprits par de pareils actes ! et quelle est votre valeur morale pour condamner d'un trait de plume des Cours entières, pour substituer vos ignorances ministérielles à la science des magistrats qui tiennent de l'auteur de toute justice, la balance pour peser, le glaive pour punir

Pourquoi tant d'humeur contre *l'Aris-tarque*? seroit-ce qu'il a pour propriétaires trois députés de l'opposition : MM. de la Bourdonnaye, Sanlot-Baguenault et Le-Moine-Desmares? Le ministère est plus riche que cela : n'a-t-il pas pour lui tous ces journaux qu'on a achetés sur la place, plus ou moins cher, selon la hausse ou la baisse du prix des consciences?

Mais est-il permis à des ministres de n'avoir pas étudié les lois qu'ils sont char-gés de faire exécuter? S'ils s'étoient un peu plus occupés de celles qui doivent répri-mer les délits de la presse, ils auroient vu que la censure n'y étoit placée qu'éventuel-lement pour un cas si rare, pour un cas si grave, que dans tous les cas ordinaires, l'exercice de cette censure rendoit impra-ticables quelques articles de ces mêmes lois; tant il avoit été loin de la pensée du législateur de faire de cette censure l'ordre commun, le droit coutumier !

Aux termes de l'article 11 de la loi du 25 mars 1822, j'ai le droit de répondre à tout ce qu'on peut me dire dans un journal : mais si le censeur a permis l'attaque et s'il ne permet pas la défense; s'il trouve dans ma réponse quelque chose qui mérite d'être marqué du signe de sa proscription, de son encre rouge, voilà donc un article de la loi qui ne sera pas exécuté? Que ferai-je? poursuivrai-je l'éditeur responsable? l'éditeur me renverra au censeur, et le censeur au gouvernement. Je ne puis mettre un ministre en cause que par un arrêté du conseil d'Etat. Il résulte de tout cela que je suis calomnié sans pouvoir confondre la calomnie, que

la loi est violée, que je ne puis avoir recours aux tribunaux, lesquels eux-mêmes
se trouvent paralysés par l'exercice d'un
pouvoir extra-légal en matière judiciaire.

Le fait de la censure est par lui-même
destructible de tout gouvernement constitutionnel. Mais outre le *fond*, il y a la
forme, et la forme est quelque chose entre
gens bien élevés, quoiqu'on sache que nous
n'y tenons pas beaucoup.

Comme on a été vite, on n'avoit pas eu
le temps de nommer une commission ; et
comme une vérité pouvoit échapper dans
vingt-quatre heures, au grand péril de la
monarchie, il a fallu envoyer provisoirement à la police tous les journaux pris en
flagrant délit de liberté.

Jugez quel malheur si on les avoit laissés
écrire un seul mot sur la mesure de la
censure! Ils ont donc été mystérieusement
censurés à l'hôtel de la direction de la police : une main invisible, peut-être celle
d'un valet-de-chambre, Caton inconnu, a
mutilé le soir la pensée du maître qu'il avoit
servi le matin, et cela pour la plus grande
sûreté des ministres. On ignorera à jamais
comment étoit provisoirement composé ce
saint-office d'espions, chargé de décider de
l'orthodoxie des doctrines constitution-
nelles.

Mais encore ici les choses sont-elles lé-
gales ?

L'article 1er du Code civil porte : « Les
lois seront exécutées dans chaque partie du
royaume, du moment où la promulgation
pourra en être connue.

« La promulgation faite par le Roi sera
réputée connue dans le département de la
résidence royale, un jour après celui de la
promulgation. »

Or, les journaux ont reçu l'ordre de se
soumettre à la censure, douze heures seulement après la publication de l'ordonnance
dans *le Moniteur*.

Et ce censeur qui a signé les premières
censures, étoit-il légalement connu, lorsqu'il a exercé ses fonctions ? L'ordonnance
qui le nommoit avoit-elle été communiquée
aux journalistes ?

Tout cela est très-attaquable devant les
tribunaux ! Et il n'est pas permis, lorsqu'on
est ministre, et surtout lorsqu'on a appar-

tenu à des corps judiciaires, de se montrer
aussi despote, aussi ignorant.

Une commission est maintenant ordon-
née, sous la présidence du directeur de
la police, à l'honneur des lumières et des
lettres. On avoit été jusqu'à dire que des
hommes choisis dans les deux Chambres
législatives composeroient le conseil de
censure. Nous eussions plaint la foiblesse
de ces hommes honorables : les pairs et
les députés sont faits pour être les gar-
diens et non les geôliers des libertés publiques.

La censure, depuis la restauration, n'a
sauvé personne : tous les anciens ministres
qui ont voulu l'établir ont péri ; et pourtant ils avoient une sorte d'excuse ; ils
étoient plus près de l'événement des cent-

jours; il y avoit des troubles et des cons-
pirations dans l'Etat : le duc de Berry
avoit succombé.

De plus, ces ministres avoient une cer-
taine force : ils appartenoient à un parti;
ils ne s'étoient pas mis en guerre avec
toute la société; ils ne s'étoient pas élevés
contre l'autorité des tribunaux. On con-
noissoit moins le gouvernement représentatif, et par cette raison, il étoit plus
facile de s'en écarter.

Le ministère actuel ne peut argumenter
ni d'une grande catastrophe, ni de l'igno-
rance des principes de la Charte, mis aujourd'hui à la portée de tous. Il est sans
puissance, car il lui a plu de s'isoler de
toutes les opinions. Sorti des rangs royalistes, il a cessé d'être royaliste; il n'a pas

mieux traité l'antique honneur que la liberté nouvelle; il s'est placé entre deux Frances, dans une troisième France, composée des déserteurs des deux autres, et qui ne durera pas plus que lui.

Pour vivre, il sera forcé de pousser ses systèmes à leurs dernières conséquences. C'est une vérité triviale, qu'une erreur en entraîne une autre. Une vérité moins connue, c'est que le ministère se trompe sur deux qualités de force; il prend la force physique pour la force morale : or, dans la société, la première détruit, la seconde édifie.

Voyez l'enchaînement des choses :

On veut acheter des journaux; on n'y réussit pas complètement. S'arrête-t-on, ce qui valoit mieux? Non : il faut aller devant les tribunaux, où l'on est condamné.

On apporte une loi relative à la fortune publique ; elle est rejetée. S'arrête-t-on, ce qui étoit incontestablement plus sage? Avec de la modération, tout pouvoit encore se réparer. L'irritation de la vanité l'emporte : on cherche des victimes, on frappe au hasard, sans s'inquiéter des résultats, sans prévoir l'effet de cette violence sur l'opinion.

L'opinion se prononce. S'arrête-t-on? Non : il faut une nouvelle violence, il faut la censure !

Que le ministère trouve maintenant d'autres résistances, comme il en trouvera indubitablement, il sera contraint de devenir persécuteur. Quand il aura destitué ses adversaires, comblé de faveurs ses créatures, il n'aura rien fait; il faudra qu'il trouve un moyen d'empêcher les écrits non périodiques de paroître, de modifier la jurisprudence des tribunaux, puisqu'il s'en plaint; de ces tribunaux si puissans aujourd'hui par l'injure même qu'on leur a faite, si populaires en devenant les défenseurs de nos libertés.

Qu'imaginera le ministère pour ces Cours de justice, dans le cas où elles continueroient, comme elles le feront, à maintenir leur doctrine indépendante? ces Cours sont établies par des lois ; sans doute on ne songe pas à violer ces lois, et le temps des jugemens par commission est passé.

Et à l'égard des Chambres, quel parti prendra-t-on? Comment viendroit-on leur déclarer qu'on a établi la censure , n'ayant d'autre raison à leur donner que celle dont on a eu l'inconcevable naïveté de nous faire part? Oseroit-on leur dire : « Nous » avons supprimé la liberté de la presse » périodique, parce que les magistrats » ont rendu un arrêt qu'ils avoient le droit » de rendre ! »

On fera des pairs, soit : mais ces pairs seront-ils soumis aux caprices des ministres? Cette première magistrature n'est-elle pas aussi indépendante que l'autre ? Ces nouveaux pairs viendroient-ils prendre leur siége, uniquement pour approuver la censure, ou voter la loi des rentes renouvelée ? Je ne vous dis pas que ces créations multipliées dans un intérêt personnel, tueroient à la longue l'institution de la pairie. Mais songez au moins à votre chute que précipitent tant de mesures funestes.

Et la Chambre, des Députés, qu'en fera-t-on? Cette Chambre excellente n'a besoin que d'un peu d'expérience : elle peut revenir formidable pour les ministres : en demandera-t-on la dissolution? Voyez où cela mène! et frémissez, car je veux bien supposer que vous n'avez pas vu tout cela, que vous aimez encore votre patrie.

La censure, considérée dans ses rapports avec l'état de notre société et de nos institutions, ne peut convenir à personne. Tout au plus charmera-t-elle l'antichambre et les valets qui daigneront nous transmettre dans leurs journaux les ordres de leurs maîtres. Eux seuls jouiront de la liberté, parce qu'on est sûr de leur servitude. Un journal du soir a déjà des priviléges : on lui accorde la faveur qu'on refuse à d'autres, de partir par la poste du jour où il paroît. Si l'on veut prendre quelques nouvelles dans ce journal, on ne le peut pas sans les avoir envoyées à la censure, quoiqu'il faille bien supposer que ces nouvelles aient déjà passé sous les yeux du censeur. Mais l'on permet à l'un ce que l'on ne permet pas à l'autre : ce qui est légal dans *l'Etoile* deviendroit illégal dans *les Débats* ou *la Quotidienne*, dans *le Constitutionnel* ou *le Courrier*. L'impudence de ces petites tyrannies s'explique pourtant : la puissance n'a rien de blessant quand elle marche avec le génie ; elle en est, pour ainsi dire, une qualité naturelle. Mais quand la médiocrité arrive aux premières places, le pouvoir a dans ses mains toute l'insolence d'un parvenu.

La liberté que l'on veut comprimer échappera de toutes parts aux mains imprudentes qui essaieront de la retenir; elle leur échappe déjà. Voilà les *blancs*ˈ revenus dans les journaux; vous verrez qu'il faudra sévir contre les *blancs* : le délit des pages blanches seroit singulier à porter devant les tribunaux. Les petites persécutions aux messageries et à la poste ne réussiront pas davantage; quand l'opinion a pris son parti, rien ne l'arrête. La capitale, les provinces,

---

ˈ Je me suis enquis des articles retranchés dans le *Journal des Débats* du mardi 17 août, ce sont :
1°. Un second article de la revue de la session, terminant les travaux de la Chambre des Députés. (cet article paroîtra imprimé chez Le Normant avec le premier et ceux qui doivent le suivre).

2°. L'annonce de la présente brochure.

3°. Quelques lignes sur Mᵍʳ le duc d'Orléans, parlant de la sensibilité de ce prince lors de la distribution des accessit obtenus par M. le duc de Chartres. Voilà les premiers exploits de la censure

vont être inondées de brochures. Le silence même deviendra une attaque, et le ministère sera accusé par la chose qu'on ne lui dira pas. Et grand Dieu! en étions-nous là à l'ouverture de la session?

Lorsque Buonaparte pouvoit faire fusiller en vingt-quatre heures un écrivain, on conçoit qu'il y avoit *répression*. La terreur aussi étoit répressive; mais le ministère, qui le craint?

Ceux qui bravoient si fièrement l'opinion, pourquoi fuient-ils devant elle? Pourquoi cette censure, si ce n'est la peur de cette opinion qu'ils affectent de mépriser?

Je ne sais si l'on est frappé comme moi; mais il me semble que tout ce que je vois est inexplicable, que cela tient à une es-

pèce de folie. Je conçois des actes, tout
bizarres qu'ils puissent être, lorsqu'ils
tendent au même but, lorsqu'ils doivent
amener un résultat dans l'intérêt de ceux
qui les font; mais il m'est impossible de
concevoir des hommes qui veulent se sau-
ver et qui font évidemment ce qui les perdra.
dra. A quoi bon, je le demande, ces inu-
tiles violences dont nous sommes les témoins depuis quelques mois, cette agitation
au milieu du repos, cette soif de la dicta-
ture ministérielle quand personne ne dis-
pute le pouvoir? Pourquoi corrompre les
journaux et ensuite les enchaîner lorsque
la victoire d'un héritier du trône et la pros-
périté de la France avoient anéanti toutes
les oppositions révolutionnaires? Ce que
le Roi avoit annoncé en ouvrant la session
de 1823, la Providence l'avoit permis, et
l'armée l'avoit fait. Qui ne séntoit le sol de

la patrie raffermi sous ses pas? qui ne
jouissoit de voir la France remonter à son
rang parmi les puissances de l'Europe?

Quelque chose d'inconnu vient nous en-
lever soudain nos plus douces espérances.
Nous rétrogradons tout à coup de huit
années; nous nous replaçons au commen-
cement de la restauration; nous nous ar-
mons de nouveau contre les libertés publiques, nous revenons à la censure, en
aggravant le mal, par un acte sans précédent
à l'égard des tribunaux; nous imitons une
conduite que nous avons stigmatisée. Nous
faisons des circulaires pour des élections. Il
nous faudroit des pairs pour briser une
majorité; nous repoussons les royalistes,
et cependant nous nous disons royalistes.
Tout alloit au pouvoir ministériel; tout
s'en retire : il reste isolé, en butte à mille

ennemis, supporté seulement par une opinion qu'il dicte par des journaux qu'il paie, et des flatteurs qu'il méprise.

Quelquefois on seroit tenté de croire, pour s'expliquer des choses inexplicables, ce que disent des esprits chagrins, savoir: que des sociétés mystérieuses poussent à la destruction de l'ordre établi; et que mettroit-on à sa place? l'arbitraire ministériel, le joug de quelques commis! et c'est avec cela qu'on prétendroit mener la France! contrarier le mouvement de la société et des siècles!

Non, cela ne seroit pas possible; mais en repoussant ces craintes, il reste toujours celles qu'inspirent les fautes dont nous sommes les témoins et les victimes. En exagérant tout, en forçant tout, en abu-

sant de tout, en gâtant d'avance les institutions, en compromettant les choses les
plus sacrées, on détruit pour l'avenir tout
moyen de gouvernement, on fatigue les
caractères les plus forts, on dégoûte les
honnêtes gens ; et, entre un despotisme
impossible et une liberté impraticable, on
se retranche dans cette indifférence poli-
tique, qui amène la mort de la société,
comme l'indifférence religieuse conduit au
néant.

Qui produit tant de mal ? quel génie
funeste, mais puissant, a maîtrisé la fortune de la patrie ? Ce n'est point un génie,
rien de plus triste que ce qui nous arrive ;
c'est le triomphe d'un je ne sais quoi indé-
finissable, c'est le succès de petits savoir-
faire réunis. Deux hommes se collent au
pouvoir ; et, pour y rester deux jours de

plus, ils jouent la longue destinée de la
France contre leur avenir d'un moment.
Voilà tout.

Il faut sortir promptement de la route
où l'on s'est jeté, si l'on ne veut arriver
à un abîme. On peut disposer de soi, on
peut se perdre, si on le juge convenable ;
mais on ne doit jamais compromettre son
pays ; or, le ministère ébranle par son sys-
tème la monarchie légitime : peu importe
ses intentions ; elles ne répareront pas ses
actes.

Le remède est facile si la maladie est
prise à temps ; en la laissant aller elle deviendra incurable. Je ne puis développer toute
ma pensée dans ce petit écrit ; rapide ouvrage
de quelques heures, que je publie à la hâte
pour l'intérêt de la circonstance. Il m'est

dur, déjà avancé dans ma carrière, de rentrer dans des combats qui ont consumé ma vie ; mais, pair de France, mais investi d'une magistrature, je n'ai pu voir périr une liberté publique, je n'ai pu voir attaquer les tribunaux sans élever la voix, sans prêter mon secours, tout foible qu'il puisse être, à nos institutions menacées. Que le trône de notre sage monarque reste inébranlable ; que la France soit heureuse et libre ! Et quant à ma destinée : comme il plaira à Dieu.

FIN.

www.ingramcontent.com/pod-product-compliance
Lightning Source LLC
LaVergne TN
LVHW022205080426
835511LV00008B/1574